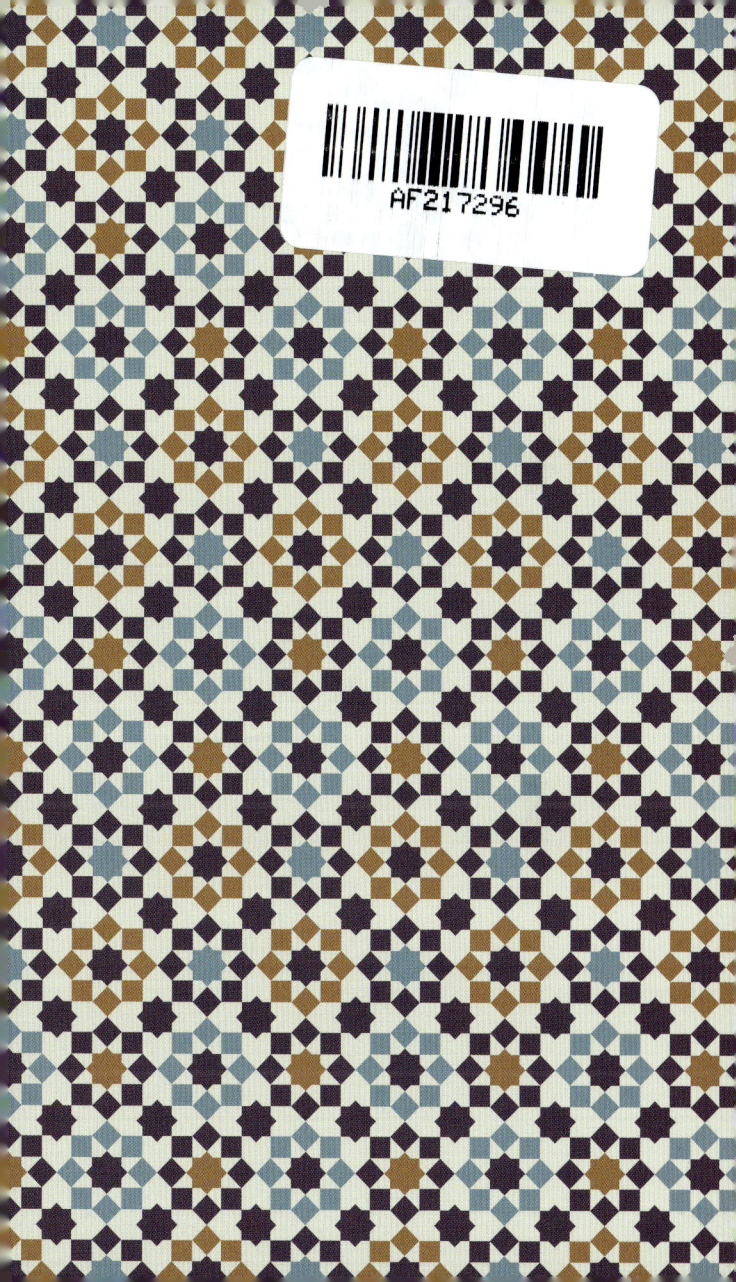

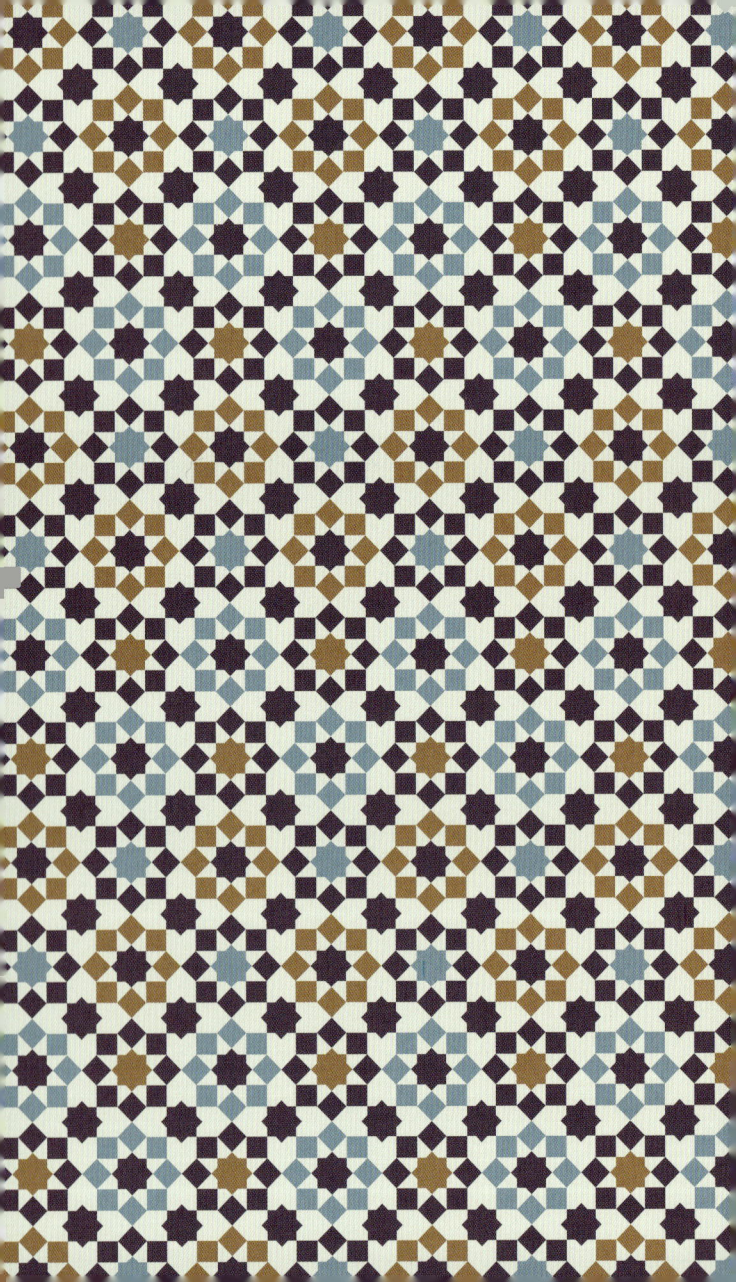

MEZZE

Orientalische
Vorspeisen zum
Teilen

Jan Thorbecke Verlag

INHALT

Mezze mit Fisch

Mezze mit Fleisch

VEGAN   GRILL

BABA GANOUSH

Auberginenpüree

FÜR 4 PORTIONEN

2 Knoblauchzehen | 2 Auberginen | 2 EL Tahina | 3 EL Olivenöl |
2 EL Zitronensaft | Salz | Kreuzkümmelpulver | Minze zum Garnieren

1. Den Backofen auf 200 °C Ober-/Unterhitze vorheizen. Ein Backblech mit Backpapier belegen. Den Knoblauch schälen.

2. Die Auberginen waschen und mit einer Gabel ringsum mehrmals einstechen. Auf das vorbereitete Blech legen und im Ofen ca. 40 Minuten weich garen. Anschließend etwas abkühlen lassen, längs halbieren und das Fruchtfleisch mit einem Löffel aus der Schale schaben. In einem Mixer mit dem Knoblauch, der Tahina, 2 EL Olivenöl und dem Zitronensaft cremig pürieren.

3. Das Baba Ganoush mit Salz und Kreuzkümmel abschmecken und in ein Schälchen füllen. Mit dem übrigen Öl beträufeln und mit Minze garnieren. Dazu nach Belieben Pitabrot, Datteln und Oliven reichen.

VEGAN   **GRILL**

KÜRBIS– HUMMUS

mit Sesam und Weißbrot

FÜR 4 PORTIONEN

200 g Kürbisfruchtfleisch | Salz | 250 g Kichererbsen (Dose) |
2 Knoblauchzehen | 1 EL Tahina | 3 EL Olivenöl | 1 EL Zitronensaft |
1 TL Kreuzkümmelpulver | schwarzer Pfeffer aus der Mühle |
1 TL Harissa | 2 gemischter TL Sesam | 300 g Weißbrot

1. Den Kürbis würfeln, mit etwas Wasser in einen Topf geben, salzen, mit Deckel aufkochen und ca. 15 Minuten weich garen. Offen ausdampfen und abkühlen lassen.
2. Die Kichererbsen abbrausen und abtropfen lassen. Den Knoblauch schälen, mit dem Kürbis, den Kichererbsen (bis auf 1 EL), der Tahina, 2 EL Olivenöl und dem Zitronensaft cremig pürieren.
3. Mit Kreuzkümmel, Pfeffer und Salz abschmecken und in ein Schälchen füllen. Die Harissa mit dem restlichen Olivenöl verrühren und darüber träufeln. Die restlichen Kichererbsen daraufgeben, mit Sesam bestreuen und mit Weißbrot servieren.

VEGAN

GRILL

MUHAMMARA
Scharfer Dip mit Walnüssen und Paprika

FÜR 4 PORTIONEN

4 rote Spitzpaprika | 4 EL Olivenöl | 60 g Walnüsse | 1 Zwiebel |
1 Knoblauchzehe | 1 EL Paprikamark | 1 EL Tomatenmark |
1 TL geräuchertes Paprikapulver | Cayennepfeffer | Ras el-Hanout |
Salz | 1 EL Granatapfelsirup | 1 EL Zitronensaft | 4 EL Semmelbrösel

1. Den Ofen auf 200 °C Ober-/Unterhitze vorheizen.
2. Die Paprika waschen, halbieren, putzen und mit den Schnittflächen nach unten auf ein mit Backpapier belegtes Backblech legen. Mit 1 EL Öl bepinseln und im Ofen ca. 25 Minuten backen, bis die Schale Blasen wirft. Aus dem Ofen nehmen, mit einem Geschirrtuch abdecken und abkühlen lassen. Dann die Haut abziehen. Die Walnüsse in einer trockenen Pfanne duftend rösten und abkühlen lassen.
3. Inzwischen die Zwiebel und den Knoblauch abziehen und beides fein würfeln. Zusammen in einer Pfanne in 1 EL heißem Öl ca. 5 Minuten weich dünsten. Paprika- und Tomatenmark untermischen und abkühlen lassen.
4. Paprikahälften, 40 g Walnüsse, Zwiebel-Mischung, Paprikapulver, etwas Cayennepfeffer, Ras el-Hanout und Salz, Granatapfelsirup, Zitronensaft und übriges Olivenöl in einen Mixer füllen und zu einer cremigen Paste pürieren. Dabei die Semmelbrösel und nach Bedarf ein wenig kaltes Wasser ergänzen.
5. Muhammara scharf abschmecken und mit den übrigen Walnüssen bestreut servieren. Dazu nach Belieben Fladenbrot reichen.

Scharfe
MÖHREN-
CREME

FÜR 4 PORTIONEN

600 g griechischer Joghurt | 3 mittelgroße Möhren |
2 rote Chilischoten | 4 Knoblauchzehen | 2 EL Olivenöl + etwas zum
Beträufeln | 1 EL Puderzucker | Salz | schwarzer Pfeffer
aus der Mühle | 1 Bund Radieschen | 300 g Fladenbrot

1 Die Hälfte des Joghurts in ein mit einem Tuch ausgelegtes Sieb geben und über Nacht im Kühlschrank abtropfen lassen.

2 Die Möhren schälen und fein reiben. Die Chilischoten waschen, putzen und fein würfeln. Den Knoblauch abziehen und fein hacken. In einer Pfanne das Öl erhitzen und den Knoblauch und die Chilis 2–3 Minuten hell anschwitzen. Die Möhren untermischen, mit dem Puderzucker bestreuen und kurz mit anbraten. Alles salzen und pfeffern, 50 ml Wasser angießen und die Möhren zugedeckt bei geringer Hitze in 30–35 Minuten weich dünsten, anschließend etwas abkühlen lassen.

3 Inzwischen die Radieschen waschen und putzen. Abgetropften und frischen Joghurt mischen und unter die Möhren rühren. Die Creme abschmecken, in ein Schälchen füllen und mit Olivenöl beträufelt servieren. Radieschen und Fladenbrot dazu reichen.

VEGAN   **GRILL**

WARMER HUMMUS

mit Pinienkernen, Rosinen und Oliven

FÜR 4 PERSONEN

660 g Kichererbsen (Dose) │ 3 Knoblauchzehen │
4 EL Olivenöl + etwas zum Beträufeln │ 50 g Tahina │
1–2 EL Zitronensaft │ schwarzer Pfeffer aus der Mühle │ 2 TL Rosinen │
2 TL Pinienkerne │ ½ TL Kreuzkümmelsamen │ einige Kalamata-Oliven
ohne Stein │ glatte Petersilie zum Garnieren │ Fladenbrot zum
Servieren

❶ Die Kichererbsen abtropfen lassen, dabei 1 EL Flüssigkeit
   auffangen. 2 Knoblauchzehen abziehen, klein schneiden
   und in 2 EL Olivenöl anbraten. Zu den Kichererbsen
   geben, die Tahina, den Zitronensaft, ¼ TL Salz und
   Pfeffer hinzufügen und fein pürieren. Mit Zitronensaft
   abschmecken.

❷ Das restliche Öl in einer Pfanne erhitzen. Die restliche
   Knoblauchzehe klein schneiden und darin anbraten,
   anschließend den Knoblauch entsorgen und das Öl
   aufbewahren. Die Rosinen, die Pinienkerne und die
   Kreuzkümmelsamen ins Öl geben und ca. 5 Minuten
   anbraten, bis die Rosinen weich sind.

❸ Den Hummus vorsichtig in einem Topf erwärmen. In
   eine Schale geben und die Rosinen und Pinienkerne
   daraufgeben. Die Oliven klein schneiden, die Petersilie
   klein zupfen und beides auf dem Hummus verteilen.
   Dazu nach Wunsch Fladenbrot reichen.

VEGAN   **GRILL**

SALAT

mit gegrillten Auberginen, Paprika und Granatapfelkernen

FÜR 4 PORTIONEN

3 Auberginen │ 2 rote Paprika │ 1 Handvoll Petersilie │
1 Knoblauchzehe │ 4 EL Olivenöl │ 2 EL Zitronensaft │ ½ TL Zimtpulver │
Salz │ schwarzer Pfeffer aus der Mühle │ 4 EL Granatapfelkerne

❶ Die Auberginen und die Paprika waschen. Die Auberginen jeweils rundherum mit einer Gabel einstechen. Das Gemüse auf dem heißen Grill mit geschlossenem Deckel (und nach Belieben Räucherchips) ca. 20 Minuten garen, bis die Haut schwarz ist. Beides vom Grill nehmen, die Auberginen abkühlen lassen und die Paprika in einen Gefrierbeutel füllen zum Abkühlen.

❷ Von der Paprika die Haut abziehen, die Kerne entfernen und das Fruchtfleisch in Streifen schneiden. Die Auberginen halbieren, das Fruchtfleisch aus der Schale schaben und klein schneiden.

❸ Die Petersilie abbrausen, trocken schütteln, die Blätter abzupfen und grob hacken. Den Knoblauch abziehen und fein hacken. Beides zusammen mit dem Öl, dem Zitronensaft, dem Zimt sowie Salz und Pfeffer vermengen und abschmecken. Mit dem Gemüse mischen, den Salat auf eine große Platte geben und mit den Granatapfelkernen garniert servieren.

GRILL

Melonen-Gurken-
SALAT
mit Schafskäse

FÜR 4 PORTIONEN

2 EL Kürbiskerne | 2 EL Pinienkerne | ½ Salatgurke |
400 g Wassermelone | 250 g Feta | 4 EL Zitronensaft | Salz |
schwarzer Pfeffer aus der Mühle | 3 EL Olivenöl | 1 Handvoll Minze

1. Die Kürbis- und die Pinienkerne in einer beschichteten Pfanne ohne Fett rösten, dann abkühlen lassen.
2. Die Gurke nach Belieben schälen, längs halbieren, die Kerne entfernen und das Fruchtfleisch würfeln. Die Melone schälen und das Fruchtfleisch ebenfalls würfeln. Den Feta in Würfel schneiden, mit der Melone und der Gurke behutsam vermengen.
3. Zitronensaft, Salz, Pfeffer und Öl verquirlen und den Salat damit marinieren. Die Minze waschen, trocken schütteln, die Blätter abzupfen und grob zerkleinern. Mit den gerösteten Kernen über den Salat streuen. Dazu passt z.B. Fladenbrot.

VEGAN   **GRILL**

BABA-GANOUSH-

Salat mit Granatapfelkernen

FÜR 4 PORTIONEN

2 Auberginen | 3 Knoblauchzehen | 1–2 Fleischtomaten |
4 EL Tahina | 4 EL Zitronensaft | 2 EL Olivenöl | Salz |
schwarzer Pfeffer aus der Mühle | ½ TL geräuchertes Paprikapulver |
1 TL Kreuzkümmelpulver | 3–4 Stängel Petersilie |
3–4 EL Granatapfelkerne

❶ Den Backofen auf 225 °C Ober-/Unterhitze vorheizen.
Ein Backblech mit Backpapier belegen.

❷ Die Auberginen waschen, putzen, in fingerdicke Scheiben und dann in Würfel schneiden. Auf dem Backblech
verteilen und im Ofen ca. 25 Minuten weich garen, dann
in eine Schüssel geben.

❸ Den Knoblauch schälen und durch die Presse dazu
drücken. Die Tomaten waschen, vierteln, die Kerne
entfernen, das Fruchtfleisch klein würfeln und ebenfalls
dazugeben. Die Tahina mit dem Zitronensaft und dem
Öl verrühren, daruntermischen und alles mit Salz,
Pfeffer, Paprika und Kreuzkümmel würzen.

❹ Die Petersilie waschen, die Blättchen grob schneiden
oder hacken. Die Auberginencreme mit Zitronensaft,
Salz und Kreuzkümmel abschmecken und die Granatapfelkerne und zwei Drittel der Petersilie untermengen.
Zum Servieren in eine Schüssel geben und mit der
restlichen Petersilie bestreuen.

BOHNEN SALAT

mit Sumach und Ei

FÜR 4 PORTIONEN

500 g weiße Bohnen (Glas) | 2 Salzgurken oder Essiggurken |
8 Blätter Rucola | 2–3 Stängel Petersilie | 2 Frühlingszwiebeln |
2 EL Weißweinessig | 2 EL Zitronensaft | Salz |
schwarzer Pfeffer aus der Mühle | 1 TL Honig | 4 EL Olivenöl |
1 Knoblauchzehe | 4 Eier | 1 EL Sumach

❶ Die Bohnen in ein Sieb abgießen, abbrausen und gut abtropfen lassen. Die Salzgurken in dünne Scheiben schneiden. Den Rucola und die Petersilie verlesen, waschen und trocken schleudern. Die Frühlingszwiebeln putzen, waschen, das Grün in Ringe schneiden und das Weiße fein hacken.

❷ Den Essig mit dem Zitronensaft mischen, mit Salz, Pfeffer und dem Honig verquirlen und das Öl unterschlagen. Den Knoblauch schälen und dazu pressen.

❸ Die Bohnen mit den Salzgurken, den Frühlingszwiebeln sowie zwei Dritteln von Rucola und Petersilie vermengen und marinieren. Zugedeckt mindestens 1 Stunde ziehen lassen.

❹ Die Eier in kochendem Wasser in 8–10 Minuten hart kochen, dann abschrecken, pellen und in Stücke schneiden. Auf den Salat geben, alles mit Sumach bestreuen und servieren.

SALAT

mit Zucchini, Erbsen, Spargel, Kräutern und Ziegenkäse

FÜR 4 PORTIONEN

250 g Bulgur oder Getreidemix für Taboulé | 500 ml Gemüsebrühe |
300 g grüner Spargel | 100 g Erbsen, frisch oder TK | Salz |
3 junge Zucchini | 1 Handvoll glatte Petersilie | 1 Handvoll Minze |
Saft einer Zitrone | 6 EL Olivenöl | schwarzer Pfeffer aus der Mühle |
100 g Ziegenfrischkäse

❶ Das Getreide abbrausen, abtropfen lassen und in eine Schüssel geben. Mit der kochenden Gemüsebrühe übergießen und ca. 20 Minuten ziehen lassen.

❷ Das Gemüse waschen und abtropfen lassen. Den Spargel putzen, ggf. im unteren Drittel schälen und wie die Erbsen 2–3 Minuten in Salzwasser blanchieren, anschließend abschrecken und abtropfen lassen. Die Spargelspitzen ca. 6 cm lang abtrennen, die übrigen Stangen in dünne Scheiben schneiden. Die Zucchini putzen und ebenfalls in dünne Scheiben schneiden. Die Kräuter abbrausen, trocken schütteln und die Blätter hacken.

❸ Den Bulgur ggf. abgießen, mit der Hälfte des Zitronensafts, dem Öl sowie Salz und Pfeffer vermischen. Das Gemüse und die Kräuter untermengen und alles ca. 20 Minuten durchziehen lassen.

❹ Den Salat nochmals mit Salz, Pfeffer und Zitronensaft abschmecken, auf einer Platte anrichten, mit dem zerbröckelten Ziegenkäse bestreuen und servieren. Nach Belieben einen Joghurt-Dip (z.B. nach dem Rezept auf Seite 22) dazu reichen.

GEWÜRZ-JOGHURT

mit pochierten Eiern

FÜR 4 PORTIONEN

1 Handvoll Dill | 500 g türkischer oder griechischer Joghurt | Salz |
schwarzer Pfeffer aus der Mühle | 2 Knoblauchzehen |
2 EL Weißweinessig | 8 Eier | 3 EL Butter | 1 TL edelsüßes Paprikapulver |
¼ TL gemahlener Kreuzkümmel | Fladenbrot nach Belieben

❶ Den Dill abbrausen, trocken schütteln und die Spitzen
hacken. Den Joghurt mit Salz, Pfeffer und der Hälfte des
Dills glattrühren. Den Knoblauch abziehen und durch
die Presse dazu drücken.

❷ Einen Topf mit Wasser aufkochen, 1 TL Salz und
den Essig zufügen und die Hitze reduzieren. Die Eier
einzeln in eine Schöpfkelle aufschlagen, behutsam ins
siedende, nicht mehr kochende Salzwasser gleiten
lassen und ca. 4 Minuten darin pochieren.

❸ Die Butter in einer Kasserolle aufschäumen lassen, das
Paprikapulver und den Kreuzkümmel unterrühren und
ca. 1 Minute anschwitzen, dann beiseitestellen.

❹ Die Eier mit einer Schaumkelle aus dem Wasser heben,
in Schalen geben und nach Belieben öffnen. Den
Gewürzjoghurt abschmecken, darüber verteilen und mit
der Würzbutter beträufeln. Alles mit dem übrigen Dill
bestreuen und sofort servieren. Nach Belieben in
Streifen geschnittenes Fladenbrot dazu reichen.

SAMBUSAK

FÜR 4 PORTIONEN

½ Würfel frische Hefe | 1 TL Zucker | 200 ml lauwarme Milch |
50 g Butter | 400 g Mehl + etwas zum Arbeiten | Salz |
400 g Spinat | 150 g Feta | 2 Knoblauchzehen |
schwarzer Pfeffer aus der Mühle | frisch geriebene Muskatnuss |
1 Eigelb zum Bestreichen | 1 EL heller Sesam zum Bestreuen |
1–2 EL schwarzer Sesam zum Bestreuen

1 Die Hefe in eine kleine Schüssel bröckeln und mit dem Zucker und ein wenig Milch glattrühren. Die Butter schmelzen lassen. Das Mehl in eine Schüssel sieben. Die aufgelöste Hefe, 1 TL Salz und die übrige Milch zugießen und alles vermischen. 2–3 EL der Butter dazugießen. Zu einem glatten Teig verkneten, nach Bedarf Milch oder Mehl ergänzen, bis sich der glatte Teig vom Schüsselrand löst. Abgedeckt ca. 45 Minuten gehen lassen.

2 Inzwischen den Spinat waschen, putzen und trocken schleudern. Den Feta fein hacken. 2 EL Butter in eine heiße Pfanne geben, den Knoblauch schälen und dazu pressen, den Spinat untermengen und zusammenfallen lassen. Mit etwas Salz, Pfeffer und Muskat würzen, von der Hitze nehmen und den Feta zugeben.

3 Den Ofen auf 180 °C Ober-/Unterhitze vorheizen. Ein Backblech mit Backpapier belegen.

4 Den Teig auf bemehlter Arbeitsfläche 2–3 mm dünn ausrollen und Kreise (ca. 10 cm Durchmesser) ausstechen. Auf die Mitte 1–2 EL der Füllung setzen und den Teig zum Halbkreis über der Füllung zusammenfalten. Die Ränder gut zusammendrücken. Auf das Backblech legen. Das Eigelb mit 1 EL Wasser verquirlen und die Teigtaschen damit bepinseln. Mit dem Sesam bestreuen und im Ofen 25–30 Minuten goldbraun backen. Heiß oder lauwarm servieren.

Mangold-Feta-
BÖREKS

FÜR 6–8 PORTIONEN

1 Mangold | 1 Zwiebel | ½ Handvoll Petersilie | ¼ Handvoll Dill |
60 ml Olivenöl | Salz | schwarzer Pfeffer aus der Mühle |
¼ TL gemahlener Piment | 100 g Butter | 1 Ei |
100 ml Sonnenblumenöl | 100 g griechischer Joghurt |
13 Blätter Filoteig | 300 g Feta | 200 g Ricotta | Salzflocken |
1 Bio-Zitrone

1. Den Mangold putzen, in Blätter teilen, waschen und trocken schütteln. Die dicken Stiele herausschneiden und in Scheiben schneiden, die Blätter separat klein schneiden. Die Zwiebel abziehen und fein würfeln. Die Kräuter waschen, trocken schütteln und die Blätter und Spitzen hacken.
2. In einem Topf das Olivenöl erhitzen und die Zwiebel darin glasig anschwitzen. Die Mangoldstiele zugeben und 4–5 Minuten mitgaren, dann die Blätter untermischen und noch 4–5 Minuten unter Rühren mit anschwitzen. Alles mit Salz, Pfeffer und Piment würzen, abschmecken, den Mangold auf einem Backblech verteilen und auskühlen lassen.
3. Die Butter in einer Kasserolle bei geringer Hitze schmelzen, beiseitestellen und kurz abkühlen lassen. Das Ei verquirlen und mit dem Sonnenblumenöl und dem Joghurt unter die Butter rühren.
4. Den Backofen auf 180 °C Ober-/Unterhitze vorheizen. Eine Auflaufform (ca. 37×25 cm) mit etwas Buttermischung ausstreichen. Zehn Filoteigblätter in Größe der Form zurechtschneiden. Ein ganzes Teigblatt in Längsrichtung und die übrigen beiden ganzen Teigblätter quer in die Form legen, dabei die Ränder jeweils überhängen. lassen.

Vier der passend zurechtgeschnittenen Filoblätter in die Form legen, dabei jeweils mit etwas Buttermischung bepinseln.

5 Den Feta zerbröckeln, mit dem Ricotta und dem abgekühlten Mangold vermengen und die Füllung abschmecken. Die Hälfte davon in die Form geben und gleichmäßig verteilen. Mit zwei Teigblättern belegen, diese jeweils wieder mit etwas Buttermischung bestreichen. Die restliche Mangold-Käse-Mischung daraufgeben und gleichmäßig verteilen. Mit den übrigen vier passenden Teigblättern bedecken und diese wiederum jeweils mit der Buttermischung bestreichen. Überhängende Teigränder auf ca. 3 cm kürzen und zur Mitte hin einschlagen. Alles nochmals mit der Buttermischung bestreichen und im Ofen in 35–40 Minuten goldbraun backen.

6 Herausnehmen, in Stücke schneiden, mit Salzflocken bestreuen und mit Zitronenspalten servieren.

PIDE

mit Käse

FOTO SIEHE SEITE 49

FÜR 2 PIDE

Teig 400 g Mehl + etwas zum Arbeiten | Salz | 125 ml lauwarme Milch |
21 g frische Hefe | 1 TL Zucker | 50 g Butter |
Belag 600 g Kasar (türkischer Käse) am Stück | 1 Tomate | 1 Eigelb |
Koriander zum Garnieren

❶ Das Mehl mit 1 TL Salz in einer Rührschüssel vermengen. Eine Vertiefung in der Mitte bilden. Milch, Hefe und Zucker verrühren, hineingießen, mit ein wenig Mehl vom Rand bestäuben und ca. 10 Minuten ruhen lassen. Etwa 125 ml Wasser und die Butter in kleinen Stücken dazugeben und alles mit den Knethaken der Küchenmaschine ca. 3 Minuten zu einem geschmeidigen Teig verkneten, der sich vom Schüsselrand löst. Bei Bedarf etwas Mehl oder Wasser ergänzen. Zugedeckt ca. 1 Stunde gehen lassen.

❷ Für den Belag den Käse entrinden und fein reiben. Die Tomate waschen, halbieren, den Strunk entfernen und die Hälften in Scheiben schneiden

❸ Den Ofen auf ca. 220 °C Ober-/Unterhitze vorheizen.

❹ Den Teig auf einer bemehlten Arbeitsfläche nochmals durchkneten und in zwei gleich große Teile teilen. Die Teiglinge längs oval auf ca. 15×30 cm auswellen. Den Käse längs mittig auf den Teiglingen verteilen, dabei rundherum 3–4 cm Platz lassen. Die Teigränder einschlagen, an den Enden spitz zusammendrücken und mit verquirltem Eigelb bestreichen. Die Tomatenscheiben mittig darauflegen. Die Pide auf ein mit Backpapier belegtes Backblech legen und im Ofen 25–30 Minuten backen. Mit Koriander garnieren.

HEIßES TABOULÉ

mit gebratenem Halloumi

FÜR 4 PORTIONEN

250 g Bulgur | 350 ml Gemüsebrühe | 4 Tomaten | 1 Salatgurke | 4 Frühlingszwiebeln | 1 Handvoll Petersilie | 400 g Halloumi | Salz | Pul Biber | 5 EL Olivenöl | 3 EL Zitronensaft

1. Den Bulgur in einem Sieb abbrausen. Die Brühe in einem Topf aufkochen lassen, den Bulgur untermischen und mit Deckel ca. 20 Minuten gar köcheln. Nach Bedarf noch etwas Wasser angießen.

2. Inzwischen die Tomaten waschen, vierteln, entkernen und klein würfeln. Die Gurke waschen, längs halbieren, die Kerne ausschaben und die Hälften ebenfalls in Würfel schneiden. Die Frühlingszwiebeln und die Petersilie abbrausen und putzen. Die Frühlingszwiebeln in feine Ringe schneiden, die Petersilie grob hacken.

3. Den Halloumi in Scheiben schneiden, mit Salz und Pul Biber würzen und in einer Pfanne in 2 EL heißem Öl 5–6 Minuten goldbraun braten.

4. Die Hälfte der Kräuter mit den Tomaten, den Gurken, dem übrigen Olivenöl und dem Zitronensaft unter den Bulgur mischen und mit Salz abschmecken. Mit dem Halloumi in einer Schüssel anrichten und mit der übrigen Petersilie und Pul Biber garniert servieren.

Karotten-
FALAFELN

FÜR 4 PORTIONEN

Falafeln 100 g getrocknete Kichererbsen | 100 g Möhren |
1 kleine Zwiebel | 2 Knoblauchzehen | ½ Handvoll Kräuter,
z.B. Petersilie, Minze, Koriandergrün | 2 EL Kichererbsenmehl |
1½ TL gemahlener Kreuzkümmel | 1 TL gemahlener Koriander |
1 TL getrocknete Minze | Salz | schwarzer Pfeffer aus der Mühle |
Pflanzenöl zum Ausbacken | 1 Bio-Zitrone

Harissa-Joghurt 200 g griechischer Joghurt | Salz | schwarzer Pfeffer
aus der Mühle | Zitronensaft | 1 TL Harissa

❶ Die Kichererbsen über Nacht kalt einweichen.

❷ Die Möhren schälen und fein reiben. Die Zwiebel und
den Knoblauch abziehen und hacken. Die Kräuter
abbrausen, trocken schütteln und die Blättchen abzupfen. Einige zum Garnieren beiseitelegen, den Rest grob
hacken. Die Kichererbsen abgießen, abtropfen lassen
und im Mixer zerkleinern. Möhren, Zwiebel, Knoblauch,
gehackte Kräuter, Kichererbsenmehl, Kreuzkümmel,
Koriander, getrocknete Minze, Salz und Pfeffer zugeben
und alles fein mixen, bis die Masse formbar ist. Mit Folie
abgedeckt mindestens 3 Stunden kühl stellen.

❸ Für den Dip den Jogurt mit Salz, Pfeffer und einigen
Spritzern Zitronensaft glattrühren. Die Harissa zufügen
und marmoriert unterrühren. In Schälchen geben und
mit 1–2 Kräuterblättchen garnieren.

❹ Aus der Möhren-Kichererbsen-Masse mit angefeuchteten
Händen ca. 3 cm große Bällchen formen. In einer hohen
Pfanne ca. 2 cm hoch Öl erhitzen und die Falafeln darin
portionsweise goldbraun ausbacken. Auf Tellern anrich-
ten, mit den übrigen Kräuterblättchen bestreuen und mit
Harissa-Joghurt und Zitronenspalten servieren.

GÖZLEME

Gefüllte Fladenbrote aus Yufkateig

FÜR 4 PORTIONEN

100 g Baby-Spinat | 2 Frühlingszwiebeln | ½ Handvoll Dill |
2 Bio-Zitronen | 250 g Feta | 200 g Mozzarella |
½ TL gemahlener Koriander | schwarzer Pfeffer aus der Mühle |
Chiliflocken | 2 Eigelb | 6 EL Olivenöl |
4 dünne Dürüm-Fladen (aus Yufkateig) | Meersalzflocken |
Sumach zum Bestreuen | 1 EL glatte Petersilie zum Garnieren

1 Den Spinat verlesen, waschen, trocken schleudern und grob hacken. Die Frühlingszwiebeln putzen, waschen und in Ringe schneiden. Den Dill abbrausen, trocken schütteln und die Spitzen fein hacken. Die Zitronen heiß waschen, von einer Zitrone die Schale fein abreiben und ein wenig Saft auspressen, die andere Zitrone in Spalten schneiden. Den Feta klein zerbröckeln, den Mozzarella grob reiben.

2 In einer Schüssel beide Sorten Käse mit Spinat, Frühlingszwiebeln, Dill, Zitronenabrieb, Koriander, etwas Pfeffer und ½ TL Chiliflocken vermischen. Die Eigelbe zufügen und untermengen. Die Füllung mit etwas Zitronensaft abschmecken.

3 In einer beschichteten Pfanne 1½ EL Öl erhitzen, ein Fladenbrot einlegen und ein Viertel der Käse-Spinat-Masse auf einer Hälfte verteilen. Die andere Hälfte darüberklappen und das Brot von jeder Seite in ca. 5 Minuten goldgelb ausbacken. Die übrigen Fladenbrote ebenso füllen und ausbacken. Zum Servieren die Gözleme mit Salzflocken und einer Prise Sumach bestreuen und mit Petersilienblättchen garnieren. Nach Belieben in drei Dreiecke schneiden und Zitronenspalten dazu reichen.

AUBERGINE
und Käse mit Granatapfel-Quark-Dip

FÜR 4 PORTIONEN

Gegrillte Aubergine 400 g Halloumi | 3 Auberginen | 2 Knoblauch-
zehen | 4 Zweige Thymian | 4 Zweige Rosmarin | 6 EL Olivenöl

Dip 250 g Quark | 200 g griechischer Joghurt | ½ Bio-Zitrone |
2 Stängel Koriander | 1 TL Ras el-Hanout | Salz | schwarzer Pfeffer aus
der Mühle | 3 EL Granatapfelkerne | 1 EL Mandeln

1 Den Halloumi in ca. 1 cm dicke Scheiben schneiden. Die
Auberginen waschen und längs ebenso in Scheiben
schneiden. Den Knoblauch abziehen und sehr fein
würfeln. Die Kräuter waschen, die Blättchen und Nadeln
abzupfen und fein hacken.

2 Das Olivenöl, den Knoblauch und die Kräuter in einer
Schale vermischen, darin die Auberginenscheiben und
den Halloumi wenden und ca. 1 Stunde kalt stellen.

3 Den Quark mit dem Joghurt in eine Schüssel geben. Die
Schale der Zitrone abreiben und den Saft auspressen.
Den Koriander waschen, trocken schütteln, die Blätter
fein hacken und mit dem Quark und dem Joghurt
verrühren. Mit Ras el-Hanout, dem Abrieb und Saft der
Zitrone sowie Salz und Pfeffer abschmecken. Die
Granatapfelkerne und die Mandeln darüberstreuen.

4 Den Halloumi und die Auberginen aus dem Öl nehmen,
etwas abtupfen und auf dem Grill unter Wenden in
6–7 Minuten grillen. Alternativ in einer Grillpfanne
anbraten. Auf einer Platte anrichten, mit dem Mari-
nier-Öl beträufeln und mit Salz und Pfeffer würzen.

FOUL

Dicke Bohnen mit Paprika und Tomaten

FÜR 4 PORTIONEN

450 g Dicke Bohnen (TK oder Dose) | 3 hellgrüne, lange, dünne
Paprikaschoten | 300 g Flaschentomaten | ½ Zwiebel |
3–4 Knoblauchzehen | 60 ml Olivenöl + etwas zum Beträufeln |
1 EL Paprikamark | Salz | schwarzer Pfeffer aus der Mühle |
½ TL gemahlener Kreuzkümmel | Zitronensaft zum Abschmecken

❶ Die Bohnen abtropfen oder auftauen lassen. Die
Paprikaschoten und die Tomaten waschen, die Paprika
halbieren, putzen und in kleine Stücke schneiden, die
Tomaten klein würfeln. Die Zwiebel und den Knoblauch
abziehen, die Zwiebel in feine Streifen schneiden, den
Knoblauch fein hacken.

❷ In einem Topf das Öl erhitzen und die Paprikastücke
darin kurz anbraten, dann wieder herausnehmen. Die
Zwiebel und den Knoblauch im verbliebenen Öl hell
anschwitzen, dann drei Viertel der Tomaten und die
Bohnen untermischen. Mit Paprikamark, Salz, Pfeffer
und Kreuzkümmel würzen, 200 ml Wasser angießen und
alles ca. 15 Minuten köcheln lassen.

❸ Die Bohnen-Tomaten-Mischung grob zerstampfen, die
Paprika und die übrigen Tomaten untermengen. Alles
nochmals kurz erhitzen, mit ein paar Spritzern Zitronensaft würzen, abschmecken, mit Olivenöl beträufeln
und servieren.

ARTISCHOCKEN

mit Gemüsefüllung

FÜR 4 PORTIONEN

50 ml Zitronensaft + zum Abschmecken | 4 Artischocken |
100 g TK-Erbsen | 1 Schalotte | 1 Knoblauchzehe | 2 Möhren |
200 g festkochende Kartoffeln | 2 EL Rapsöl | 100 ml Gemüsebrühe |
Salz | 1 TL Currypulver | 2 EL Olivenöl | schwarzer Pfeffer aus
der Mühle | 2–3 Stängel Dill

❶ Den Zitronensaft in eine Schüssel Wasser geben. Den
Stiel und die äußeren Blätter der Artischocken entfer-
nen. Die oberen zwei Drittel der Spitze abschneiden.
Auch die restlichen Blätter entfernen. Den Boden
abschneiden. Den Blätterkelch und das Heu mit einem
Löffel herausschaben. Die Artischockenböden sofort in
das Zitronenwasser legen, damit sie nicht verfärben. Die
Erbsen auftauen lassen.

❷ Für die Füllung die Schalotte und den Knoblauch
abziehen und sehr fein hacken. Die Möhren und die
Kartoffeln schälen und beides in kleine Würfel schneiden. Das Öl erhitzen, die Schalotten und den Knoblauch
anschwitzen, dann das Gemüse zugeben, die Brühe
angießen, mit Salz und Curry würzen und zugedeckt in
ca. 8 Minuten gut bissfest garen.

❸ Das Olivenöl in einer Pfanne erhitzen, die Artischockenböden abtropfen lassen und auf jeder Seite ca. 3 Minuten farblos garen. Die Erbsen zum Gemüse geben und
alles weitere 3–4 Minuten offen garen. Mit Salz, Pfeffer
und Zitronensaft abschmecken. Den Dill waschen, grob
hacken und untermischen. Das Gemüse in die Artischockenböden füllen und servieren.

SARDELLEN

mit Zitronen-Aioli

FÜR 4 PORTIONEN

Aioli 100 g festkochende Kartoffel(n) | 1 Bio-Zitrone |
2 Knoblauchzehen | 1 Ei (Zimmertemperatur) |
160 ml Olivenöl (Zimmertemperatur) | 140 g griechischer Joghurt
(Zimmertemperatur) | Salz | schwarzer Pfeffer aus der Mühle |

Sardellen 1 kg Sardellen | Salz | Saft einer Zitrone |
60 ml Olivenöl | Mehl zum Wenden | Pflanzenöl | Salzflocken

❶ Die Kartoffel(n) waschen und in 20–25 Minuten weichkochen. Anschließend pellen, durch die Presse drücken und das Püree auskühlen lassen.

❷ Die Sardellen waschen, trocken tupfen, an der Bauchseite aufschneiden, die Innereien und den Kopf entfernen. Anschließend das Rückgrat mitsamt den Gräten entfernen. Die Sardellen nochmals abbrausen, trocken tupfen, salzen, mit Zitronensaft und Öl vermischen und ca. 20 Minuten kühl durchziehen lassen.

❸ Für die Aioli die Bio-Zitrone heiß waschen und längs halbieren. Eine Hälfte in Spalten schneiden, von der anderen Hälfte die Schale fein abreiben und den Saft auspressen. Den Knoblauch abziehen und hacken. Mit dem Ei und dem Öl in einen Rührbecher mit dem Mixstab fein durchmixen. Das Kartoffelpüree, den Joghurt und drei Viertel des Zitronenabriebs untermischen. Die Aioli mit Salz, Pfeffer und 1 EL Zitronensaft würzen und mit dem übrigen Zitronenabrieb bestreuen.

❹ Reichlich Mehl auf einen großen Teller geben und die abgetropften Sardellen darin wenden. In einer Pfanne in Öl ausbacken. Die Sardellen mit Salzflocken bestreuen und mit Zitronenspalten garniert servieren. Die Aioli dazu reichen.

Gefüllte
WEINBLÄTTER
mit Joghurtdressing

FÜR 4 PORTIONEN

Weinblätter 80 g Perl-Couscous | Salz | 60 g Kichererbsen (Dose) |
60 g Thunfisch in Öl | schwarzer Pfeffer aus der Mühle |
1 Prise Kreuzkümmelpulver | Saft von ½ Zitrone | 2 EL Olivenöl |
12 eingelegte Weinblätter

Dressing 1 Radieschen | 150 g griechischer Joghurt |
2 EL Zitronensaft | Salz | 1 EL Olivenöl

❶ Den Couscous mit 200 ml Salzwasser kurz aufkochen, zur Seite ziehen und abgedeckt ca. 8 Minuten quellen lassen. Mit einer Gabel auflockern und ausdampfen lassen. Die Kichererbsen grob hacken, den Thunfisch abtropfen lassen und fein zupfen. Den Couscous, die Kichererbsen und den Thunfisch in einer Schüssel mischen, mit Salz, Pfeffer, Kreuzkümmel, Zitronensaft und 1 EL Olivenöl vermengen.

❷ Die Weinblätter abtropfen lassen, mit der Mischung füllen, die Seiten einklappen und eng aufrollen. Im restlichen Olivenöl unter Wenden in einer Pfanne 3–4 Minuten braten.

❸ Das Radieschen waschen und fein hacken. Den Joghurt mit dem Zitronensaft und dem Salz abschmecken und in ein Schälchen füllen. Die Radieschen daraufgeben und mit Olivenöl beträufeln. Zusammen mit den gefüllten Weinblättern servieren.

LAHMACUN

FOTO SIEHE SEITE 48 OBEN

FÜR 4 PORTIONEN

Teig | ½ Würfel Hefe | ½ TL Zucker | 1 TL Salz |
400 g Mehl + etwas zum Arbeiten | 1 EL Olivenöl

Belag | 1 Zwiebel | 2 Knoblauchzehen | 2 rote Paprika |
3 Tomaten | ½ Handvoll Koriander | 350 g Lammhackfleisch |
100 g Ajvar | Salz | schwarzer Pfeffer aus der Mühle | 1 TL Sumach

1 Die Hefe, den Zucker und ca. 175 ml lauwarmes Wasser
verrühren. Das Salz und das Mehl in einer Schüssel
mischen und das Hefewasser zugießen. Für ca. 15 Minuten abdecken, anschließend zu einem geschmeidigen
Hefeteig verkneten, dabei das Olivenöl einarbeiten. Bei
Bedarf etwas mehr Mehl oder Wasser ergänzen. Den
Teig abgedeckt ca. 1 Stunde gehen lassen.

2 Die Zwiebel und den Knoblauch abziehen und sehr fein
würfeln. Die Paprikaschoten und die Tomaten waschen
und putzen. Die Paprika in sehr kleine Würfel schneiden.
Von den Tomaten den Strunk herausschneiden, Früchte
halbieren, das Kerngehäuse entfernen und das Fruchtfleisch fein würfeln.

3 Den Koriander abbrausen, trocken schütteln und etwa
die Hälfte fein hacken. Mit Hackfleisch, Knoblauch,
Zwiebel, Paprika, Tomaten und Ajvar vermischen. Mit
Salz, Pfeffer und Sumach würzen.

4 Den Backofen auf 240 °C Ober-/Unterhitze vorheizen.

5 Den Teig auf leicht bemehlter Arbeitsfläche durchkneten. In vier Portionen teilen und diese zu dünnen
Fladen (ca. 28 cm Durchmesser) ausrollen. Jeweils auf
ein Stück Backpapier legen. Die Hackfleischmischung
auf den Fladen verteilen.

6 Die ersten beiden Lahmacun mit dem Backpapier auf je ein Blech ziehen und im Ofen ca. 15 Minuten backen. Von den Blechen ziehen und mit den übrigen beiden genauso verfahren. Mit übrigem Koriander garniert servieren.

GRILL

FLEISCH–BÄLLCHEN
mit Fladenbrot und Baba Ganoush

FOTO SIEHE SEITE 48 UNTEN,
BABA GANOUSH SEITE 48-49 MITTE

FÜR 4 PORTIONEN

Baba Ganoush 1 große Aubergine | 3 Knoblauchzehen | 2 EL Tahina | 4 EL Olivenöl | 1–2 EL Zitronensaft | Salz | Kreuzkümmelpulver | ½ TL rosenscharfes Paprikapulver |

Fleischbällchen 1 kleine rote Chilischote | 2 Stängel Minze | 1 Zwiebel | 2 Knoblauchzehen | 600 g Lammhackfleisch | ½ TL Kreuzkümmelpulver | Salz | schwarzer Pfeffer aus der Mühle | 2 EL Olivenöl | 2 Tomaten | 1 Handvoll Petersilie | Fladenbrot zum Servieren

1 Den Backofen auf 200 °C Ober-/Unterhitze vorheizen. Die Aubergine waschen, trocken tupfen und mit einer Gabel ringsum mehrmals einstechen. Auf ein Backblech legen und im Ofen ca. 40 Minuten weich backen. Etwas abkühlen lassen, längs halbieren und das Fruchtfleisch mit einem Löffel aus der Schale schaben.

2 Den Knoblauch abziehen. Aubergine in einem Mixer mit Knoblauch, Tahina, Olivenöl, Zitronensaft, Salz und Kreuzkümmel cremig pürieren. Das Baba Ganoush mit Paprikapulver würzen, abschmecken und in ein Schälchen füllen.

3 Für die Fleischbällchen die Chilischote waschen und putzen. Die Minze waschen, die Minzblätter abzupfen und beides fein hacken. Die Zwiebel und den Knoblauch abziehen und in sehr feine Würfel schneiden. Hackfleisch, Chili, Minze, Zwiebel und Knoblauch in einer Schüssel mischen. Mit Kreuzkümmel, Salz und Pfeffer würzen und alles gut vermischen. Daraus 8–12 Bällchen formen und diese leicht flach drücken.

4 In einer Pfanne im Olivenöl (oder auf einem Grill) in 8–10 Minuten unter Wenden braten.

5 Die Tomaten waschen, halbieren, den Strunk entfernen und die Hälften in dünne Scheiben schneiden. Die Petersilie waschen und trocken schütteln.

6 Die Hackbällchen mit Tomate und Petersilie anrichten, das Baba Ganoush und Fladenbrot dazu reichen.

GRILL

FLEISCH–SPIEßE

mit Reis, Zwiebeln und Tomate

FOTO SEITE 49 UNTEN

FÜR 4 PORTIONEN

Reis 250 g Reis | 2 EL Fadennudeln | 1 EL Butter | Salz

❶ Den Reis in einem Sieb gründlich waschen und abtropfen lassen. Die Fadennudeln in einem Topf in der Butter leicht gebräunt anbraten. Den Reis, 500 ml Wasser und 1 TL Salz zugeben. Aufkochen lassen, die Hitze auf ein Minimum reduzieren und abgedeckt ca. 15 Minuten quellen lassen.

❷ Die Zwiebel und den Knoblauch abziehen und fein würfeln. Die Petersilie und die Minze abbrausen und trocken schütteln. Die Hälfte der Petersilie und die Minze fein hacken. Die Chilischote waschen, putzen und ebenso fein hacken. Die Zwiebel, den Knoblauch, die gehackten Kräuter und die Chilischote mit dem Hackfleisch mischen. Mit Salz, Pfeffer und Kreuzkümmel würzen und alles gut vermischen.

❸ Die Masse oval auf acht breite Metallspieße geben und gleichmäßig rundherum festdrücken. Mit 1 EL Olivenöl bepinseln und auf einem Grill von allen Seiten in ca. 10 Minuten garen.

❹ Die roten Zwiebeln abziehen und in feine Streifen schneiden. Die Tomaten waschen, putzen und in Spalten schneiden. Die Zwiebelstreifen im restlichen Olivenöl 2–3 Minuten anbraten. Mit Tomaten und restlicher Petersilie in einem Schälchen mischen.

❺ Die Spieße auf dem Reis anrichten und mit der Tomatenmischung toppen. Nach Belieben noch etwas Zitronensaft darüber träufeln.

Dattel-

LAMM-BÄLLCHEN

mit Fladenbrot mit Labneh und Dukkah

FÜR 4–6 PORTIONEN

Labneh 400 g Joghurt | 1 Handvoll Gartenkräuter, z.B. Rosmarin, Minze, Petersilie, Thymian | 2 EL Zitronensaft | 1 Knoblauchzehe | Salz | schwarzer Pfeffer aus der Mühle

Lammbällchen 1 Zwiebel | 2 Knoblauchzehen | 3 EL Olivenöl | 500 g Lammhackfleisch | 40 g Datteln ohne Stein | 60 g Pinienkerne | 1 Ei | 2 EL Semmelbrösel | 1 TL Fenchelpulver | 1 TL geräuchertes Paprikapulver | Cayennepfeffer | Salz | schwarzer Pfeffer aus der Mühle

Außerdem 1 Fladenbrot | 1 TL Dukkah | Minzeblättchen zum Anrichten

❶ Den Joghurt in ein Passiertuch geben und über Nacht im Kühlschrank abtropfen lassen. Am nächsten Tag die Kräuter waschen, trocken schütteln, Blätter und Nadeln abzupfen und fein hacken. Den Labneh mit dem Zitronensaft glattrühren, den Knoblauch abziehen und dazu pressen, die Kräuter unterrühren und die Creme mit Salz und Pfeffer abschmecken.

❷ Für die Lammbällchen die Zwiebel und den Knoblauch abziehen und fein würfeln. Beides in 1 EL Olivenöl in einer Pfanne glasig schwitzen. Zur Seite ziehen, abkühlen lassen und mit dem Hackfleisch in eine Schüssel geben. Die Datteln und die Hälfte der Pinienkerne grob hacken und dazugeben. Das Ei dazuschlagen, die Semmelbrösel und die Gewürze zugeben und alles gut miteinander vermischen. Mit Salz und Pfeffer würzig abschmecken. Aus der Masse mit den Händen ca. 4 cm große Hackbällchen abdrehen und diese im restlichen Olivenöl in einer Pfanne von allen Seiten 8–10 Minuten braten.

❸ Inzwischen das Fladenbrot im Ofen bei 145 °C Ober-/ Unterhitze ca. 10 Minuten aufbacken. Mit Dukkah und den restlichen Pinienkernen bestreuen.

❹ Zum Anrichten eine Platte mit der Labnehcreme bestreichen, die Fleischbällchen darauf anrichten und mit Minze bestreuen. Das Fladenbrot dazu reichen.

KIBBEH

Frittierte Bulgurteigtaschen mit Fleischfüllung

FOTO SIEHE SEITE 58

FÜR 6–8 PORTIONEN

Teig 500 g weicher Bulgur | 1 Zwiebel | Zesten einer Bio-Zitrone |
1 TL Kreuzkümmelpulver oder nach Belieben |
1 TL edelsüßes Paprikapulver oder nach Belieben |
Salz | schwarzer Pfeffer aus der Mühle | 250 g Rinderhackfleisch |
50 g Mehl

Füllung 1 Zwiebel | 25 g Butter | 5 EL Sonnenblumenöl |
350 g Rinderhackfleisch | 10 g Kibbeh-Gewürz (alternativ eine
Mischung aus Koriander, Pfeffer, Piment, Zimt, Muskatnuss, Nelke
und Ingwer) | 50 g gehackte Walnüsse | 50 g Granatapfelkerne

Außerdem 1 l Sonnenblumenöl zum Frittieren | einige Zitronenzesten
und dünne Zitronenspalten zum Garnieren

❶ Den Bulgur mit 900 ml Wasser übergießen und so lange
quellen lassen, bis das Wasser vollständig aufgesogen
ist. Inzwischen die Zwiebel abziehen und in feine Würfel
schneiden. Mit Zitronenzesten, Kreuzkümmel, Paprikapulver, Salz und Pfeffer zum Bulgur geben. Dann den
Teig durch den Fleischwolf drehen.

❷ Das Hackfleisch hinzufügen und die Masse ein zweites
Mal durch den Wolf drehen. Zuletzt das Mehl über den
Teig streuen und das Ganze ein drittes Mal im Wolf
zerreiben. Dann die Masse mit angefeuchteten Fingern
zu einem dichten Teig kneten.

❸ Für die Füllung die Zwiebel abziehen und in feine Würfel
schneiden. In einer Pfanne in Butter und Öl andünsten.

Das Hackfleisch hinzufügen und krümelig braten. Erst wenn das Fleisch nicht mehr rot ist, mit Salz, Pfeffer und Kibbeh-Gewürz pikant würzen. Vom Herd nehmen, Nüsse und Granatapfelkerne untermischen.

❹ Vom Teig eigroße Stücke abtrennen und zu Bällchen formen, in diese mit dem Daumen einen Hohlraum drücken. Die Teigwände sollen zwar dünn sein, dürfen aber keinesfalls reißen. In den Hohlraum vorsichtig 1 EL von der Hackfleischfüllung drücken und das Bällchen wieder schließen. Dabei den Teig so zusammendrücken, dass sich beidseitig eine kleine Spitze bildet.

❺ Das Öl in einer Pfanne erhitzen. Die Bällchen vorsichtig hineinlegen und rundum goldbraun frittieren. Mit dem Schaumlöffel herausheben, auf Küchenpapier abtropfen lassen und auf einer Platte anrichten. Mit Zitronenzesten und -spalten servieren.

Lammfleisch-Hummus-
FLADENBROTE

FÜR 4–8 PORTIONEN

3 Knoblauchzehen | 5 EL Olivenöl | 1 EL Zatar-Gewürzmischung |
Abrieb und Saft einer Bio-Zitrone | 270 g Lammhüftsteak |
265 g Kichererbsen (Dose) | 80 g Tahina | Salz | schwarzer Pfeffer aus
der Mühle | ½ TL Kreuzkümmelpulver | Cayennepfeffer |
1 Handvoll glatte Petersilie | ½ Fladenbrot | 2 EL Pinienkerne

❶ Den Knoblauch schälen und 1 Zehe fein, die übrigen
grob würfeln. In einer flachen Form 2 EL Olivenöl mit
Zatar, Zitronenabrieb und der fein gewürfelten Knoblauchzehe verrühren. Das Lammfleisch trocken tupfen,
in dünne Streifen schneiden, in die Form legen und
ca. 30 Minuten marinieren.

❷ Die Kichererbsen abgießen, abbrausen und abtropfen
lassen. Mit dem restlichen Knoblauch, der Tahina, 4 EL
Zitronensaft, 70 ml Wasser und 2 EL Öl fein pürieren.
Das Hummus mit Salz, Pfeffer, Kreuzkümmel und 1 Prise
Cayennepfeffer abschmecken.

❸ Den Backofen auf 200 °C Ober-/Unterhitze vorheizen. Die
Petersilie abbrausen, trocken schütteln und die Blättchen
fein hacken. Das Fladenbrot im Ofen ca. 5 Minuten
aufbacken. In einer Pfanne das restliche Öl erhitzen und
die Fleischstreifen darin ringsum anbraten. Die Pinienkerne und die Petersilie zufügen und kurz mitbraten. Das
Fleisch mit Salz, Pfeffer und etwas Zitronensaft würzen,
abschmecken und beiseite stellen.

❹ Das Fladenbrot herausnehmen, kurz abkühlen lassen, in
Würfel schneiden und auf einer Platte anrichten. Die
Brotwürfel jeweils mit Hummus bestreichen, mit einem
Streifen gebratenem Lammfleisch belegen, die Pinien-
kerne mit der Petersilie darauf verteilen und servieren.

FATTEH MAKDOUS

Gefüllte Auberginen in Tomatensauce

FÜR 4 PORTIONEN

4 kleine Auberginen | 3 EL Olivenöl | Salz | schwarzer Pfeffer aus der Mühle | 2 Knoblauchzehen | 2 Zwiebeln | 500 g stückige Tomaten (Dose) | 400 g Lammhackfleisch | 1 Msp. gemahlener Piment | 1 TL Kreuzkümmelpulver | 1 Msp. Zimtpulver | 20 g Pinienkerne | 40 g Cashewkerne | 150 g Sahnejoghurt | 1 EL Tahina | 1 EL Zitronensaft

1. Den Ofen auf 200 °C Ober-/Unterhitze vorheizen. Die Auberginen abbrausen und putzen. Mit 1 EL Olivenöl bepinseln und mit Salz und Pfeffer würzen. Im Ofen ca. 50 Minuten weich backen.

2. Inzwischen den Knoblauch und die Zwiebeln abziehen und beides fein würfeln. Den Knoblauch und die Hälfte der Zwiebeln in einem Topf in 1 EL Öl glasig anschwitzen. Die Tomaten untermischen und etwa 10 Minuten zu einer dicken Soße einkochen. Mit Salz und Pfeffer abschmecken.

3. Die restlichen Zwiebeln in einer Pfanne im übrigen Öl glasig anschwitzen. Das Hackfleisch zugeben und etwa 8 Minuten krümelig anbraten. Mit Piment, Kreuzkümmel, Zimt, Salz und Pfeffer würzen und abschmecken.

4. Die Pinienkerne und die Cashewkerne leicht rösten, abkühlen lassen und hacken. Den Joghurt mit der Tahina verrühren und mit Zitronensaft, Salz und Pfeffer abschmecken.

5. Die Auberginen aus dem Ofen nehmen und seitlich Taschen einschneiden. Mit dem Hackfleisch füllen. Die Tomatensoße angießen und mit der Joghurtcreme toppen. Mit Pfeffer übermahlen und mit den Kernen bestreut servieren.

MIX
Papier | Fördert
gute Waldnutzung
FSC® C014138

Die Verlagsgruppe Patmos ist sich ihrer Verantwortung gegenüber unserer Umwelt bewusst. Wir folgen dem Prinzip der Nachhaltigkeit und streben den Einklang von wirtschaftlicher Entwicklung, sozialer Sicherheit und Erhaltung unserer natürlichen Lebensgrundlagen an. Näheres zur Nachhaltigkeitsstrategie der Verlagsgruppe Patmos auf unserer Website www.verlagsgruppe-patmos.de/nachhaltig-gut-leben

Übereinstimmend mit der EU-Verordnung zur allgemeinen Produktsicherheit (GPSR) stellen wir sicher, dass unsere Produkte die Sicherheitsstandards erfüllen. Näheres dazu auf unserer Website www.verlagsgruppe-patmos.de/produktsicherheit. Bei Fragen zur Produktsicherheit wenden Sie sich bitte an produktsicherheit@verlagsgruppe-patmos.de

5. Auflage 2025
Alle Rechte vorbehalten
© 2022 Jan Thorbecke Verlag
Verlagsgruppe Patmos in der Schwabenverlag AG, Ostfildern
www.thorbecke.de

Gestaltung: Finken & Bumiller, Stuttgart
Rezepte: Stockfood Rezepte Service
Druck: Finidr s.r.o., Český Těšín
Hergestellt in Tschechien
ISBN 978-3-7995-1536-8

VEGAN   vegan

GRILL   geeignet zum Grillen oder als Beilage zu Gegrilltem

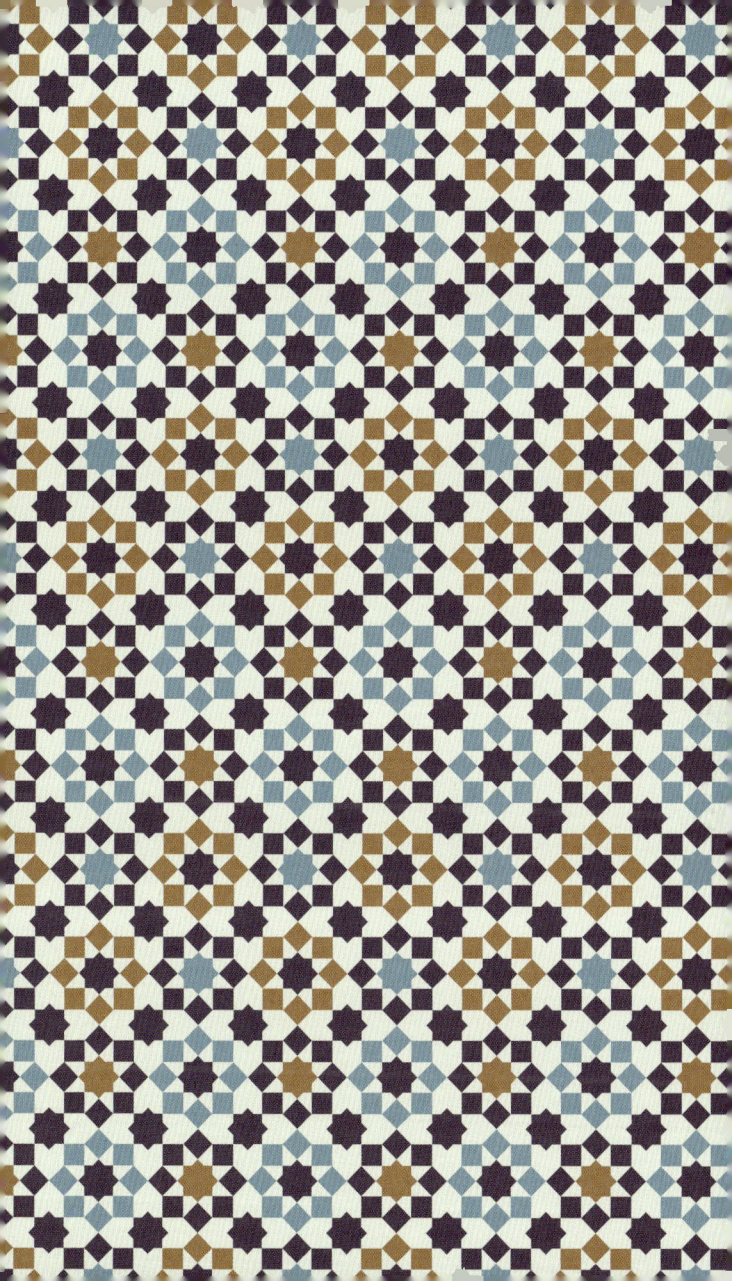

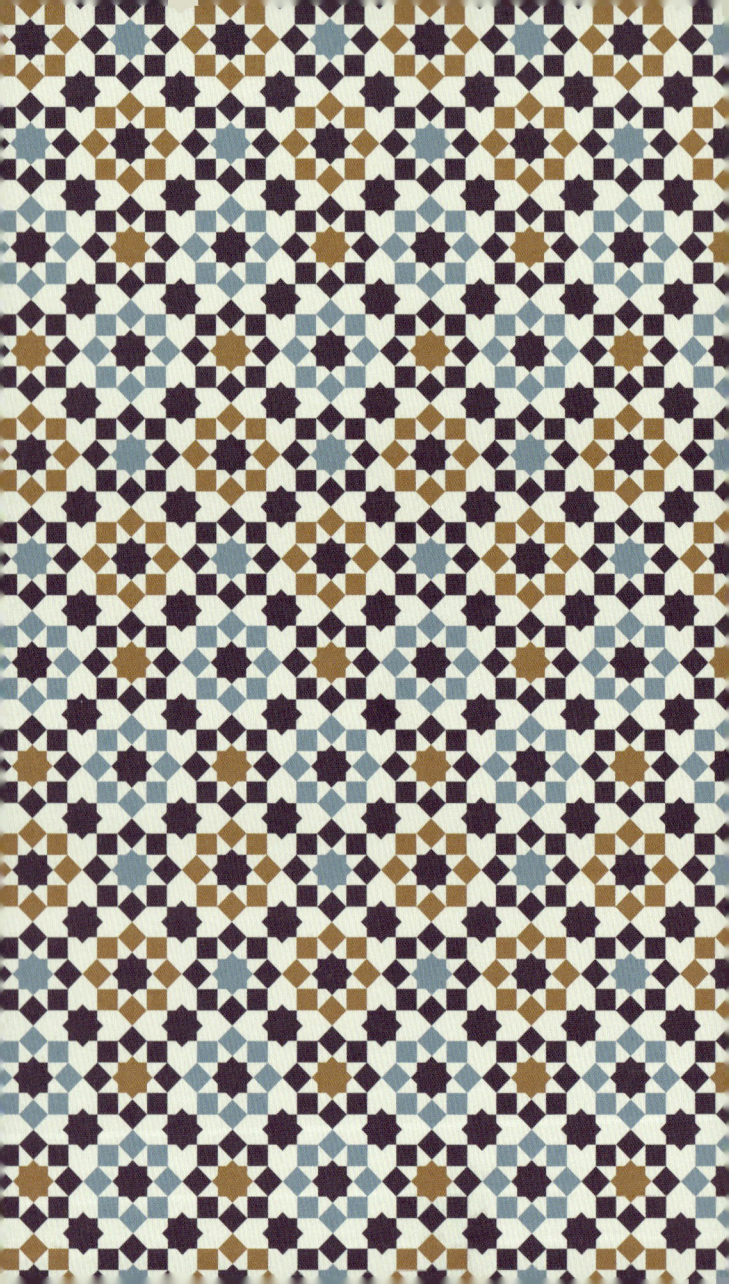